1971년 12월 겨울, 예전에는 반구천으로 불린
울산 대곡천 강물이 가뭄으로 말랐을 때,
어마어마하게 큰 바위 절벽이 발견되었어요.

그 바위에는 다양한 종류의 고래, 호랑이, 멧돼지, 사슴,
활을 쏘는 사람의 모습이 새겨져 있었어요.

이 바위그림은 누가, 왜 그린 걸까요?

세계문화유산
반구천 암각화

바위에 새긴 고래 이야기

강미희 글 | 윤봉선 그림

지구가 아주 추운 때가 있었어요.
눈이 녹지 않고 계속 쌓여 지구를 온통 덮었어요.
수만 년이 지나 지구가 다시 따뜻해지고,
눈과 얼음이 녹기 시작했어요.
얼음이 녹은 물은 모두 강과 바다에 흘러
바닷물의 높이가 지금보다 훨씬 높아졌어요.
그 바닷가에 우리 선조 돌씨족*이 살고 있었어요.

*가상의 이름

돌씨족은 파도가 계곡의 바위를 때리는 가까운 곳에
움집을 짓고 모여 살았어요.
어린아이들과 여자들은 바닷가에서 조개를 잡고,
조금 큰 아이들은 그물로 물고기를 잡았어요.
남자 어른들은 배를 타고 나가 물개를 잡아오곤 했지요.

겨울이 가까워지자 마을이 분주해졌어요.
추운 북쪽 바다에 살던 귀신고래가
새끼를 낳으러 이곳으로 찾아오거든요.
고래잡이는 일 년 중 가장 중요한 일이에요.
고래는 어마어마하게 커서 한 마리만 잡아도
한겨울 동안 먹을거리 걱정이 없어요.

*부구: 고래를 물 위에 띄우는 도구

마을의 남자들은 배를 손질하고 작살과 부구*를 준비했어요.
아이들은 고래잡이를 흉내 내며 놀았어요.
북을 치고 노를 저으며 고래를 쫓는 시늉도 하고,
어른들을 보며 만든 작살로 누가 멀리 던지는지 겨루었어요.

"둥…… 둥……."
드디어 마을에 북소리가 울렸어요.

남자들이 배에 올라 힘차게 노를 저어요.
바다 멀리서 고래의 물기둥이 보이기 시작해요.
두 무리로 나누어 몇 명은 고래를 몰고, 나머지는 길목을 지켜요.
모는 배에서 노로 바닷물을 치며 소리를 지르자
고래는 방향을 바꾸었어요.

고래가 배 가까이 다가오자 기다리고 있던 배들이
고래를 향해 힘껏 작살을 던졌어요.
여러 개의 돌작살을 맞은 고래는 물속으로 도망가려고 했지만
밧줄에 매달린 부구가 고래를 위로 잡아당겼어요.

고래는 조금씩 힘이 빠지더니 바다 위로 떠올랐어요.

마침내 배들이 고래를 끌고 와요.
사람들 모두 환호성을 지르고 춤을 추었어요.

잡은 고래는 족장이 부위별로 분배해 줬어요.
여자만 있어서 사냥을 하지 못하거나
아프거나 나이 든 사람이 있는 집에도 나누어 주었어요.

5일에 걸친 사냥 작업이 끝났어요.
주술사가 커다란 바위에 고래의 모습을 새겼어요.
동물 뼈로 고래를 그린 뒤 선을 따라 뾰족한 돌을 대고
돌망치로 때려 가며 바위를 파내는 거예요.
잡은 고래를 관찰해 중요한 특징도 함께 나타냈어요.
나중에도 알 수 있게 기록한 거예요.

커다란 절벽 아래에 모닥불을 피웠어요.
사람들은 고래를 사냥하는 장면을 춤으로 만들었어요.
고래가 내년에도 많이 찾아와 주길 빌면서
자신들을 원망하지 말라는 바람을 담았어요.

수천 년이라는 오랜 세월이 흘러 강을 따라 흘러내린 퇴적물이
바다로 쌓였어요. 돌씨족이 살던 바닷가는 강으로 변했고,
고래가 사라지자 후손들은 호랑이, 사슴 등을 사냥했어요.
고래가 새겨진 바위에는 육지 동물을 사냥하는 장면이 새겨졌지요.

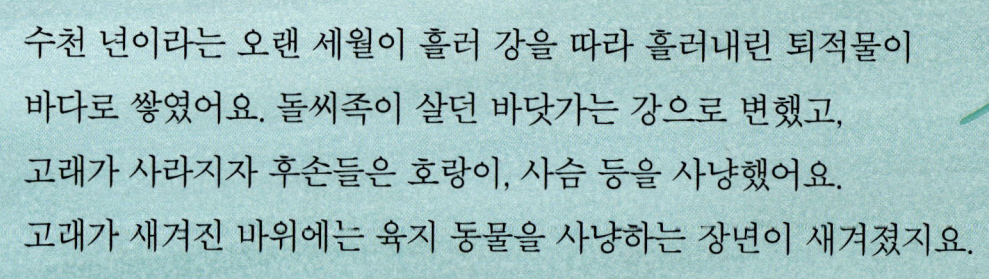

이 바위그림은 아무의 관심도 끌지 못한 채
수천 년의 세월이 흘렀어요.
1965년에 태화강 위쪽에 댐이 만들어지면서
바위가 조금씩 물에 잠겼어요.

1971년 12월 25일 가뭄으로 대곡천 강물이 말랐을 때,
마침내 바위그림이 발견되었어요!
이것이 바로 울산 대곡리의 '반구대 암각화'예요.
대곡천은 예전에 '반구천'이라 불렸어요.
그래서 반구대 암각화를 '반구천 암각화'라고도 부르지요.
반구대 암각화에는 다양한 동물들이 새겨져 있어
모두를 깜짝 놀라게 했어요.

※ 반구대 암각화는 마을 주민 최경환 옹의 제보를 받은 동국대학교 불적조사단에 의해
발견되었고, 현재 우리나라 국보 제285호예요.

특히 반구대 암각화에는 고래 그림이 많았어요.
세계에서 반구대 암각화만큼 고래잡이가 생생하게
새겨진 암각화는 없어요.
귀신고래, 북방긴수염고래,
혹등고래 등 다양한 종의 특징과
고래를 해체하는 방법까지 새겨져 있어요.
이것을 보면 오래전에 우리나라에서 얼마나
고래잡이가 흔했는지 알 수 있어요.

북방긴수염고래

혹등고래

향유고래

고래 말고도 다양한 육지 동물과 당시 사람들의 사냥 모습도 볼 수 있어요.

사슴

대륙사슴

표범

바다거북

물개

멧돼지

호랑이

고래잡이배

주술사

※ 호랑이, 표범, 멧돼지, 사슴 같은 육지 동물은 오래전에 새겨진 고래 다음으로 새겨졌어요. 또한 반구대 암각화에는 다양한 도구로 사냥하는 장면이 있어 당시 선조들의 생활 모습을 추측할 수 있어요.

반구대 암각화는 고래잡이 역사를 알려 주는
세계 최초의 선사 시대 유적이에요.
당시 사람들의 풍습이 담겨 있기 때문에
잘 보존해야 해요. 반구대 암각화는
우리 선조들이 남긴 유적이지만
인류 전체의 유산이기도 합니다.

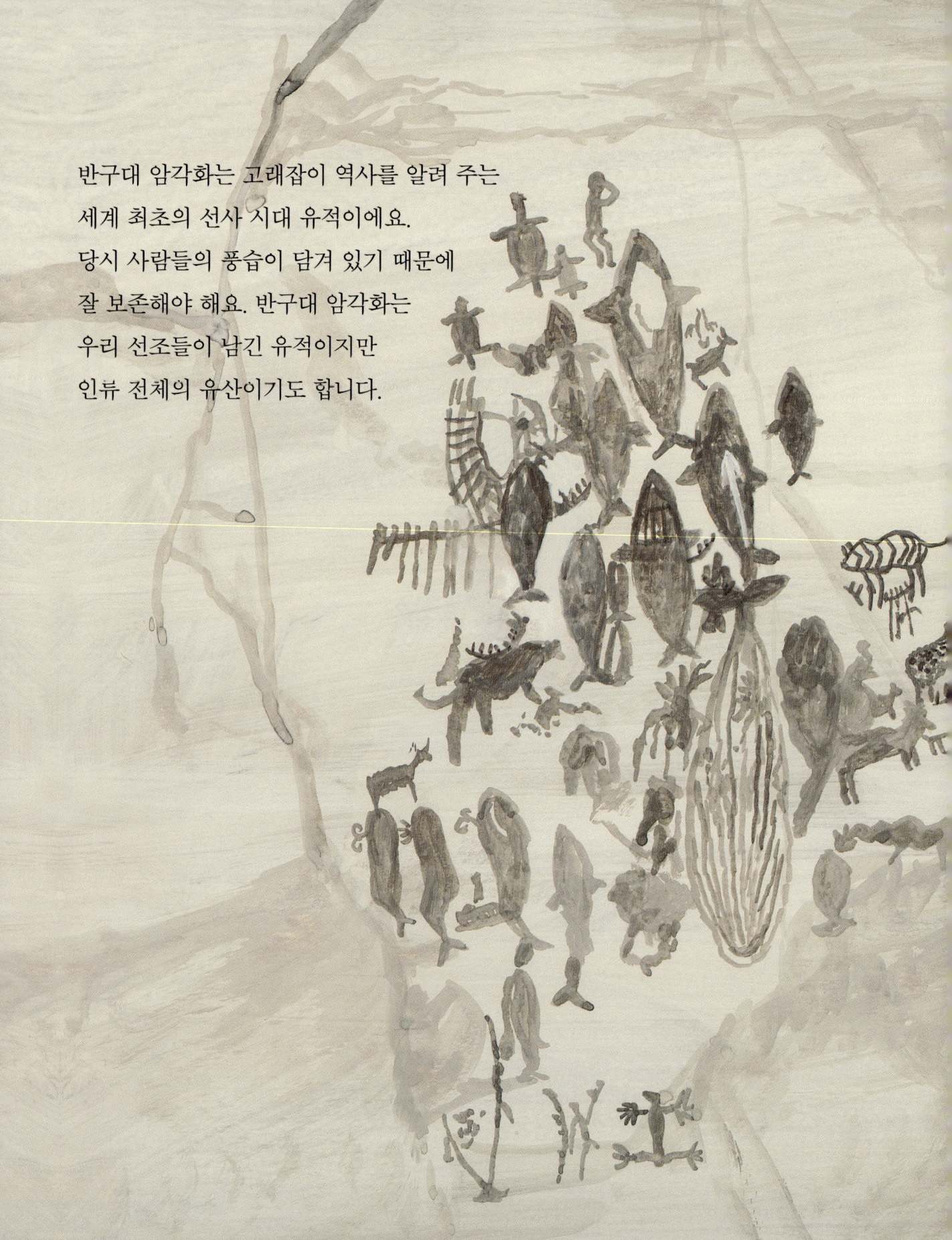

바위에 새겨진 역사, 반구천 암각화

그 옛날에 어떻게 고래를 잡았을까요?

지금으로부터 6천 년 전(BC 4000년) 반구대 암각화가 있는 울산광역시 울주군 대곡리는 바닷물이 접하는 해안선 가까이 있었어요. 해수면이 높아서 바닷물이 지금보다 내륙 안쪽까지 들어왔기 때문에 고래가 육지 가까운 곳으로 올 수 있었다고 추측해요. 그래서 선사 시대 사람들은 먼 바다로 나가지 않아도 고래를 잡을 수 있었던 거예요.

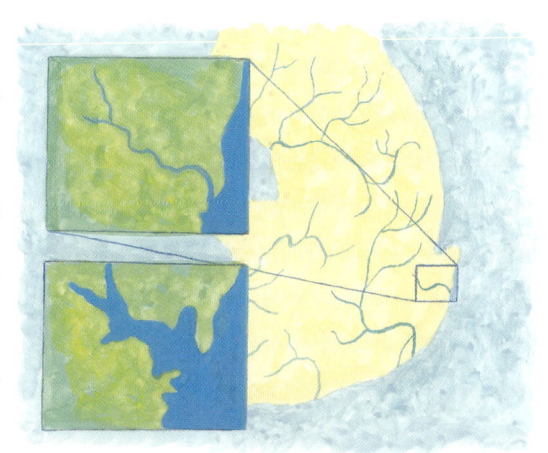

보존해야 할 소중한 문화유산, 반구천 암각화

반구천 암각화는 세계 최초의 고래잡이 유적이에요. 세계에는 수많은 암각화 유적이 있는데,

울주 대곡리 반구대암각화
(국보 제285호)

울주 천전리 명문과 암각화
(국보 제147호)

그중 고래잡이를 생생하게 보여 주는 그림은 반구천 암각화 만한 것이 없어요. 현재 국보 '울주 대곡리 반구대 암각화'와 '울주 천전리 명문과 암각화'로 이뤄진 '반구천 암각화'는 우리나라 17번째 유네스코 세계문화유산으로 등재되었어요.

동해에는 정말 고래가 많아요?

오래전 한반도 동쪽 바다에는 고래가 아주 많았어요. 그래서 외국 어선들도 고래를 잡기 위해 동해로 오곤 했지요. 처음에 사람들은 기름과 고기를 얻기 위해 고래 사냥을 시작했어요. 그 뒤에는 고래수염과 뼈로 솔과 여성 코르셋을 만들기 위해 고래를 계속 잡았어요. 19세기 때 상업적으로 고래를 가장 많이 잡았는데, 그때 잡은 고래가 무려 290만 마리나 되었어요.

고래가 멸종될 위기에 처하자 1986년 국제포경위원회(IWC)가 고래를 살리기 위해 상업적 포경을 금지했어요. 그래서 사람들은 더는 고래를 잡지 않았고, 우리는 동해에 고래가 있다는 사실을 차차 잊게 되었어요. 하지만 동해에는 고래가 꽤 있어요. 최근에는 범고래, 밍크고래, 참돌고래, 낫돌고래, 까치돌고래 등 6종의 고래 1800여 마리가 관찰되었다고 해요. 우리는 앞으로 이런 고래에 관심을 가져야 해요. 고래는 소중한 생태계의 자원이자 해양환경문화에 중요하기 때문이에요.

글 · 강미희
울산대학교 대학원에서 역사문화학을 전공한 뒤, 영상을 통해 암각화를 홍보하고 있습니다. 2008년부터 5년 간 울산불교방송국 『불교 문화유산』 전문 게스트로 방송을 진행했습니다. 2008년 울산 MBC 『역사기행』 전문 게스트로도 활동하였고, 여타 방송국 게스트 및 그 외 교육청, 학교, 기업체 등에서 강의를 하였습니다.

그림 · 윤봉선
서울대학교에서 서양학을 전공한 후 어린이를 위한 그림책을 꾸준히 그려 왔습니다. 어릴 때부터 그림을 잘 그려 화가를 꿈꾸었고, 지금은 그 꿈을 이루어 생태 그림책 외 다양한 그림책과 읽기물 작업에 몰두하고 있습니다. <태극 1장> <잡아 보아요> 등을 쓰고 그렸으며, <꼭꼭 씹으면 뭐든지 달다> <애반딧불이랑 불꽃놀이 했지> <조선 제일 바보의 공부> 등의 그림을 그렸습니다.

자랑스러운 우리 문화 · 하나

세계문화유산
반구천 암각화

강미희 글 | 윤봉선 그림

1판 1쇄 펴낸 날 | 2016년 2월 25일
2판 1쇄 펴낸 날 | 2025년 7월 30일

펴낸이 | 장영재 **펴낸곳** | 마루벌 **등록** | 2004년 4월 1일(제2004-000083호)
주소 | 서울시 마포구 성미산로32길 12, 2층 (우 03983) **전화** | 02)3141-4421
팩스 | 0505-333-4428 **홈페이지** | www.marubol.co.kr

KC인증정보 품명 아동 도서 **사용연령** 4세~9세 **제조년월일** 2025년 7월 30일 **제조국** 대한민국 **연락처** 02)3141-4421 서울시 마포구 성미산로32길 12, 2층 **주의사항** 종이에 베이거나 긁히지 않도록 조심하세요. 책 모서리가 날카로우니 던지거나 떨어뜨리지 마세요.